Walther Ziegler

Platon
en 60 minutes

traduit par
Neïl Belakhdar

Je remercie Rudolf Aichner pour sa direction éditoriale infatigable, Silke Ruthenberg pour la délicate réalisation graphique, Angela Schumitz, Lydia Pointvogl, Eva Amberger, Christiane Hüttner, Martin Engler pour la relecture, et Eleonore Presler, docteur en philosophie, qui a effectué une dernière relecture linguistique et scientifique du texte français. Je remercie aussi monsieur le Professeur Guntram Knapp à qui je dois ma passion pour la philosophie.

Je tiens à remercier tout particulièrement mon traducteur

Neïl Belakhdar

Lui-même philosophe, il a traduit en français, avec soin et précision, mon texte allemand, le complétant, là où nécessaire, de passages adaptés spécifiquement aux besoins du lecteur francophone.

À moins que [...] les philosophes n'arrivent à régner dans les cités, ou à moins que ceux qui à présent sont appelés rois et dynastes ne philosophent de manière authentique et satisfaisante, [...] il n'y aura pas [...] de terme aux maux des cités ni [...] à ceux du genre humain.[1]

Informations bibliographiques de la Bibliothèque nationale de France :
Cette publication est référencée dans la bibliographie nationale de la Bibliothèque nationale de France.
Les informations bibliographiques détaillées sont disponibles sur internet : www.bnf.fr
© 2019 Dr. Walther Ziegler

Première édition janvier 2019
Conception graphique du contenu et de la couverture: Silke Ruthenberg avec des illustrations de:
Raphael Bräsecke, Creactive - Atelier de publicité, bande dessinée & d'illustrations (dessins)
© JackF - Fotolia.com (cadres)
© Valerie Potapova - Fotolia.com (cadres)
© Svetlana Gryankina - Fotolia.com (bulles entourant les citations)
Édition: BoD – Books on Demand, 12/14 rond-point des Champs Élysées, 75 008 Paris
Impression: BoD – Books on Demand, Norderstedt, Allemagne

ISBN 9782-3-2210-956-2
Dépôt légal : janvier 2019

Table des matières

La grande découverte de Platon — 7

La pensée centrale de Platon — 19

   Le mythe de l'attelage et la voie vers le bonheur — 19

   L'amour platonicien — 23

   La doctrine des Idées — 31

   Le savoir comme réminiscence — 38

   L'immortalité de l'âme — 42

   L'allégorie du soleil — 50

   L'allégorie de la caverne — 55

   L'État idéal — 61

À quoi nous sert aujourd'hui la découverte platonicienne ? — 74

   L'État idéal – vision ou cauchemar ? — 74

   Platon – ancêtre intellectuel de l'Occident — 81

   Nous sommes tous prisonniers – l'ascension de l'âme vers le Bien, le Vrai et le Beau — 85

   La connaissance, hors du confort et de l'oubli — 89

Index des citations — 95

La grande découverte de Platon

La grande découverte de Platon (428-348 av. J-C) a été un moment marquant et fondateur dans l'histoire de la pensée. Sa « doctrine des Idées » a marqué toute la culture occidentale et son nom est aujourd'hui connu du monde entier. Pourtant, Platon a au fond découvert quelque chose de très simple. Il s'agissait pour lui de trouver un critère fiable de la vérité, un repère ultime pour nous guider dans la conduite de notre vie. Et il ne cessa de poser la question : Qu'est-ce qui est vrai et qu'est-ce qui est faux ? Comment distinguer la vérité de la non-vérité ?

Lors de son vivant déjà, environ quatre-cents ans avant Jésus Christ, philosophes et citoyens se disputaient sur les places publiques au sujet de la vérité. Chacun défendait alors un avis différent et accusait son interlocuteur d'ignorance ou de naïveté. Ces différends incessants leur paraissaient tout à fait naturels. Car les philosophes les plus influents à l'époque, les sophistes, Protagoras à leur tête, prétendaient que l'homme est la mesure de toute chose. Selon cette thèse, cinq individus différents auraient tout logiquement et légitimement cinq conceptions différentes de la vérité. Chacun d'eux disposerait de ses critères propres et pourrait donc en tirer ses propres conséquences et il n'existerait ainsi, par principe, pas de vérité reconnue par tous.

Or, c'est justement l'existence d'une telle vérité universelle et absolue que visait à établir Platon. L'absence d'une telle vérité, rétorquait-il aux sophistes, mènerait inévitablement à un déclin moral, car chacun pourrait alors se comporter comme bon lui semble, selon ses propres critères. Platon se mit alors à la recherche d'un point intangible pouvant servir de critère à toute théorie, toute pensée et toute action. Au fond, toute la pensée platonicienne tourne autour de ces deux questions : Qu'est-ce qui est réellement vrai et comment peut-on vivre une vie véridique ?

Il fut ainsi le premier à poser la question centrale de la philosophie. Car la combinaison des mots grecs « philo » et « sophia » ne signifie rien d'autre que l'amour de la sagesse, ou, si l'on va plus loin, l'amour de la vérité. Bien évidemment, la recherche d'une telle vérité ultime n'est pas chose facile et représente un immense défi. Il n'est donc pas étonnant qu'étant jeune, Platon ne parvint pas à trouver de réponse définitive à ses questions. Mais il décida de poursuivre son questionnement en quête d'une réponse satisfaisante. Pour cela, il développa sa propre méthode, le dialogue, et trente-six de ses quarante-et-une œuvres sont écrites dans ce style surprenant, alternant questions et réponses. Dans la plupart des dialogues, il met en scène son philosophe préféré Socrate, discutant avec des interlocuteurs variés autour de questions philosophiques.

Au début, chacun a une opinion différente, voire contraire à celle des autres. Chaque interlocuteur doit ensuite faire face aux questions épineuses du philosophe Socrate, jusqu'à pouvoir justifier sa thèse ou avouer son erreur. C'est ainsi que Platon a pu, à l'aide de ces dialogues écrits dans un style brillant, critiquer les opinions contradictoires de son époque, sans devoir lui-même prendre parti pour telle ou telle thèse. Dans ses premiers dialogues, il avoue même, en toute honnêteté, ne pas encore savoir en quoi pourrait consister une telle vérité définitive.

C'est dans ce contexte-là que Platon fait dire à l'interlocuteur principal de ses dialogues, Socrate, la fameuse phrase : « Je sais que je ne sais rien. » Ou littéralement :

> [...] je ne m'imagine même pas savoir ce que je ne sais pas.[2]

Les dialogues du jeune Platon ont toujours une fin ouverte. Il lui suffisait de montrer que les autres philosophes, notamment les sophistes, s'embourbaient dans leurs contradictions. Ainsi, par exemple, dans un dialogue qui porte son nom, le sophiste et professeur de rhétorique Gorgias prétend que la rhétorique est un art noble et supérieur. Or, les questions de Socrate le poussent petit à petit à avouer que la rhétorique, comme art de la persuasion, peut être employée pareillement pour des causes justes comme pour des causes injustes. Finalement, Gorgias est forcé d'avouer que la rhétorique est moins un art qu'une technique, dont on peut faire bon ou mauvais usage.

Le dialogue Lachès traite du courage. À la question de savoir ce qu'est l'essence du courage, les interlocuteurs de Socrate répondent en citant des exemples d'hommes courageux, admirables pour leur talent à la guerre, leur endurance, leur vigueur, réponses nullement satisfaisantes pour Socrate. Car suivant cette logique, le courage serait à chaque fois quelque chose de différent, selon l'homme courageux que l'on a devant soi. Finalement, tous les interlocuteurs doivent avouer qu'il leur manque un critère précis pour juger de ce qu'est réellement le courage.

C'est de cette manière-là que Platon permet à la figure de Socrate de mener les entretiens dans la direction souhaitée. Notons que Socrate n'est pas un personnage littéraire inventé par Platon, mais qu'il a réellement vécu et qu'il a même longtemps été son professeur. Parce que Socrate n'enseignait qu'oralement et qu'il n'a légué aucune œuvre écrite, Platon a pu, après coup, faire dire à Socrate ce qui était en fait ses propres pensées. En effet, jusqu'aujourd'hui, il est très difficile voire impossible pour les spécialistes de distinguer la pensée de Socrate de celle de Platon, car presque tout ce que nous savons de Socrate nous provient des dialogues platoniciens.

Dans tous les cas, il est certain que Platon a consciemment utilisé le personnage de Socrate pour véhiculer les thèses centrales de sa propre philosophie. La méthode pratiquée par Socrate, consistant à mettre en évidence les contradictions de ses interlocuteurs afin qu'ils avouent s'être trompés, cette méthode, Platon l'appelle aussi la « dialectique » ou encore la « maïeutique », c'est-à-dire la méthode de sage-femme, car avec ses questions, Socrate fait naître la vérité à la manière d'une sage-femme, en répétant ses questions jusqu'à dissolution de toute contradiction, pour que la vérité puisse éclore de la bouche de ses interlocuteurs eux-mêmes.

Dans son dialogue le plus connu, la *République*, Platon décrit sa manière de mener des entretiens comme une méthode dialectique de dévoilement de la vérité. Seule la méthode dialectique, dit-il, est capable de mettre fin aux préjugés barbares et aux fausses suppositions, de mener l'homme à la source même de la vérité et de libérer l'œil de l'âme du bourbier des préjugés :

> Par conséquent, dis-je, le parcours dialectique est le seul à progresser de cette manière, en supprimant les hypothèses pour atteindre le premier principe lui-même, afin de s'en trouver renforcé ; il est réellement le seul qui soit capable de tirer doucement l'œil de l'âme, enfoui dans quelque bourbier barbare, et de le guider vers le haut.[3]

L'œil intérieur ne pourra apercevoir la vérité que lorsque la méthode dialectique aura guidé l'âme vers le haut. Mais qu'est donc la vérité ? Comment distinguer le vrai du faux ? C'est dans la *République*, ainsi que dans le *Phédon* et dans le *Banquet*, que Platon livre une réponse décisive à cette question : c'est l'Idée du Bien. Après une longue quête dans ses dialogues de jeunesse, Platon, alors philosophe cinquantenaire, a enfin trouvé une voie vers la vérité.

Selon Platon, c'est lorsque nous réussissons à voir au-delà des simples apparences que nous pouvons connaître la vérité. Car derrière les objets du quotidien qui nous entourent et derrière le monde visible se cache une seconde réalité invisible, une sorte de niveau d'être supérieur, qui lui seul constitue le monde véritable. Cette seconde réalité, c'est le monde des Idées. Platon différencie nettement le monde des objets soumis aux changements, trompeur et éphémère, que nous percevons quotidiennement par nos sens, et le monde des Idées, qui ne se révèle qu'à l'œil intérieur.

C'est vers ces Idées que nous devons orienter notre âme, si nous voulons vivre une vie vertueuse et rationnelle :

> Lorsqu'elle [l'âme] se tourne vers ce que la vérité et l'être illuminent, alors elle le pense, elle le connaît et elle semble posséder l'intellect. Lorsqu'elle se tourne cependant vers ce qui est mêlé d'obscurité, sur ce qui devient et se corrompt, alors elle a des opinions dans lesquelles elle s'embrouille en les revirant en tous sens et on dirait qu'elle est alors dépourvue d'intellect.⁴

Selon Platon, seules les Idées invisibles et intemporelles au-delà des apparences sont vraies. C'est grâce à elles que nous pouvons vérifier la validité de nos opinions quotidiennes. Finalement, n'est vrai que ce qui correspond aux Idées ou ce qui s'en approche. Ainsi, par exemple, c'est à l'aide de l'Idée du Beau que nous pouvons vérifier si une chose est belle ou laide. Grâce à l'Idée du juste, nous pouvons distinguer le juste de l'injuste, et l'Idée de grandeur nous permet de distinguer le petit du grand. Bien qu'elles soient invisibles, nous pouvons, par notre âme, participer de ces Idées.

Les Idées, grâce auxquelles nous pouvons appréhender le monde, sont nombreuses. Et pourtant, c'est de l'ultime, la plus grande et plus haute Idée qu'il s'agit pour Platon – l'Idée du Bien. C'est à elle que nous devons nous orienter. Dans la *République*, il en parle comme du plus haut savoir, qui précède toutes les autres Idées. C'est ainsi qu'il la décrit dans plusieurs de ses dialogues :

> [...] il n'existe pas de savoir plus élevé que la forme [c'est-à-dire l'Idée, N.d.T.] du bien et [...] c'est par cette forme que les choses justes et les autres choses vertueuses deviennent utiles et bénéfiques.[5]

Ce qui confère à l'Idée du Bien son importance et sa primauté, c'est le fait que toutes les autres Idées, celle du juste par exemple, n'ont de sens et ne peuvent être réalisées que grâce à elle. Dès lors que nous réussissons à reconnaître l'Idée du Bien et à y conformer notre conduite, nous avons atteint un état de vérité et pouvons mener une vie juste et heureuse. Car pour Platon, le bonheur et le bien-être dépendent de notre amour pour la vérité et de la conduite d'une vie droite.

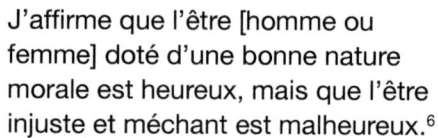

J'affirme que l'être [homme ou femme] doté d'une bonne nature morale est heureux, mais que l'être injuste et méchant est malheureux.[6]

La théorie dite des Idées est sans aucun doute l'élément central de la pensée platonicienne. Il était tellement convaincu de la supériorité et de la force des Idées, qu'il les tenait pour réelles. Les Idées, pour Platon, ne sont pas seulement dans notre esprit, elles mènent une existence propre. Elles ne sont pas uniquement des pensées ou des concepts, à l'aide desquels nous décrivons ou jugeons les choses, elles ont leur existence, leur réalité propre, plus réelle que la réalité trompeuse des objets du quotidien. Ou, pour le dire comme Platon : les Idées, bien qu'invisibles, ont un plus haut degré d'être. Celui qui se tourne vers les Idées et aspire à les connaître est

> [...] dans une plus grande proximité de ce qui est réellement et tourné davantage vers ce qui est réellement [...].[7]

Les Idées constituent donc une réalité plus profonde et plus fondamentale que celle des objets. C'est pour cela que les spécialistes de Platon disent que la doctrine des Idées a une dimension ontologique, épistémologique et éthique. Cela signifie que la doctrine de Platon a pu répondre à trois grandes questions de l'humanité. En ce qui concerne l'ontologie, c'est-à-dire la science de l'être, Platon affirme que l'Idée du Bien représente une force en elle-même, qui existe et existera toujours dans l'univers, indépendamment de l'homme. L'Idée du Bien est en quelque sorte une source d'énergie éternelle, à laquelle nous pouvons prendre part, à condition que nous y disposions notre âme. Deuxièmement, en ce qui concerne l'épistémologie, Platon dit que ce sont les Idées qui nous permettent de distinguer la vérité de l'erreur et des simples opinions. Enfin, Platon livre une réponse à la question éthique de savoir comment l'on doit agir, en disant que seule l'Idée du Bien offre des repères fiables à nos décisions éthiques et morales. L'homme qui s'oriente toujours à l'Idée du Bien, du Vrai et du Beau accèdera en fin de compte à la pureté de l'âme et au bonheur.

Mais que sont donc ces fameuses Idées ? D'où viennent-elles ? De quoi Platon parle-t-il précisément quand il parle du Bien ? Et surtout – comment pouvons-nous le connaître et lui conformer notre vie ?

La pensée centrale de Platon

Le mythe de l'attelage et la voie vers le bonheur

Le chemin vers la connaissance vraie et, donc, vers une vie heureuse n'est pas aisé pour nous êtres humains, car il exige de nous un effort incessant consistant à tendre sans relâche vers l'équilibre et le perfectionnement de l'âme. Pour illustrer ce processus de maîtrise de soi, Platon a recours à la fameuse image de l'attelage ailé : la nature de l'âme est semblable à un attelage, monté par un cocher, et conduit par deux chevaux ailés, dont l'un représente la volonté, l'autre Eros, c'est-à-dire le désir humain. Or, les deux bêtes ne sont pas aisées à dompter :

Dès lors, dans notre cas, c'est quelque chose de difficile et d'ingrat que d'être cocher.[8]

Les deux chevaux, le désir et la volonté, risquent à tout moment de faire chuter l'attelage. Car la volonté tout comme le désir sont des composantes de l'âme qui, si elles ne sont pas maîtrisées, peuvent la mener à sa perte. Dans cette allégorie, l'Eros symbolise cette partie sensuelle et désirante de l'âme qui, sans cesse, tend vers le plaisir, la boisson et la jouissance sexuelle.

Le deuxième cheval, la volonté, représente la partie courageuse de l'âme, qui recherche le succès, la reconnaissance, la gloire et la réalisation de ses intérêts propres. Le cocher, finalement, représente cette troisième composante de l'âme, la raison, à qui incombe la lourde tâche de dompter les deux chevaux ailés, l'Eros et la volonté, et de les diriger vers le haut.

Ainsi, la raison, responsable des mouvements de l'attelage, doit dompter la pulsion d'amour et la dévier des plaisirs sexuels du corps vers des objets plus nobles. Cela vaut en particulier pour le philosophe. Dans le *Phédon*, Socrate pose alors la question rhétorique à l'un de ses disciples :

Est-ce que cela te paraît être le propre d'un homme qui est philosophe que

La pensée centrale de Platon

> de prendre au sérieux ce qu'on appelle des plaisirs, l'espèce de plaisirs que l'on prend, par exemple, à la nourriture et à la boisson ? [...] Et aux plaisirs charnels ?[9]

Et Platon poursuit :

> Pour moi, je crois qu'il n'y accorde aucune importance, [...] en tout cas celui qui, vraiment, est philosophe.[10]

Le deuxième cheval, la volonté, doit lui aussi être détourné de sa recherche aveugle de reconnaissance et d'affirmation de soi. Le contrôle et la sublimation des parties inférieures de l'âme jouent un rôle décisif pour le destin de l'âme après la mort, mais aussi pour le déroulement de notre vie ici-bas :

> Supposons [...] que l'emporte ce qu'il y a de meilleur dans l'esprit, la tendance qui conduit à un mode de vie réglé et qui aspire au savoir. Bienheureuse et harmonieuse est l'existence qu'ils passent ici-bas, eux qui sont maîtres d'eux-mêmes et réglés dans leur conduite, eux qui ont réduit en esclavage ce qui fait naître le vice dans l'âme et qui ont libéré ce qui produit la vertu.[11]

Dans cette allégorie, Platon en appelle donc à ce que l'âme, ou plutôt la raison, vienne maîtriser le corps. C'est à la raison, le cocher de l'attelage, de diriger le désir et la volonté. La raison doit détourner l'âme des bas instincts et la diriger vers le chemin de la vertu et de la vérité.

L'amour platonicien

Dans le *Banquet*, un de ses plus fameux dialogues, Platon explique que l'homme ne doit pas se perdre dans les plaisirs sensibles, mais qu'il doit, au contraire, sublimer ses pulsions. Certes, il y fait dire à Socrate que l'instinct d'amour est le besoin le plus élémentaire de l'humain. Car l'Eros, la pulsion sexuelle, qui tient son nom de la divinité de l'amour, est la source d'énergie la plus créatrice et la plus vitale. Et c'est bien pour cela, poursuit Socrate, que son pouvoir créateur doit être utilisé et sublimé à des fins plus nobles. Car au-delà de l'amour purement sexuel, dit Platon, l'Eros peut être dirigé vers l'amour spirituel, puis même vers l'amour de la science.

Cela est parfaitement exemplifié dans le *Banquet*, où Socrate résiste à son désir sexuel devant les avances homoérotiques du jeune Alcibiade. Bien que l'amour des jeunes garçons était un phénomène répandu dans l'Antiquité et qu'Alcibiade était un jeune homme à la beauté exceptionnelle, Socrate refuse son offre et lui tient un discours sur les quatre degrés d'amours.

Ce n'est qu'au tout premier degré, raconte-t-il au jeune homme désemparé, que l'Eros vise l'union sexuelle. Au deuxième degré déjà, il dirige l'amour vers les belles et bonnes actions. Car un bon amant, argumente Platon, est intéressé à faire du bien à l'être aimé et commet donc des actes bons afin de plaire à son amant. Ainsi, mieux encore que nos parents ou nos proches, l'amour nous pousse et nous éduque à commettre des actes justes, beaux et désintéressés :

> Car le principe qui doit inspirer pendant toute leur vie les hommes qui cherchent à vivre comme il faut, cela ne peut être ni les relations de famille, ni les honneurs, ni la richesse, [...] mais cela doit être au plus haut point l'amour.[12]

C'est bien pour cela que nous éprouvons plus de honte devant un être aimé que devant nos parents quand nous avons commis le mal ou un acte répréhensible :

> [...], je déclare pour ma part que tout homme qui est amoureux, s'il est surpris

La pensée centrale de Platon

> à commettre une action honteuse ou s'il subit un traitement honteux sans, par lâcheté, réagir, souffrira moins d'avoir été vu par son père, par ses amis ou par quelqu'un d'autre que par son aimé.[13]

C'est donc pour cela que l'amour au deuxième degré nous pousse à commettre des actes bons. Au troisième degré, l'Eros peut tendre vers l'amour pour la science. Or, pas tout le monde ne parvient à atteindre ce degré-là. La majorité des hommes préfère s'adonner directement au plaisir de procréation :

> [...] ceux qui sont féconds selon le corps se tournent de préférence vers les femmes ; et leur façon d'être amoureux, c'est de chercher, en engendrant des enfants, à s'assurer, s'imaginent-ils, l'immortalité [...] pour la totalité du temps à venir.[14]

Or, les hommes peuvent accéder à une certaine immortalité non seulement par leur descendance, mais également par leurs œuvres, en mettant leur puissance créatrice au service de la littérature ou de l'art. Car, continue Platon :

> Il y a encore ceux qui sont féconds dans l'âme, [...] plus féconds dans leur âme que dans leur corps, cherchant à s'assurer ce dont la gestation et l'accouchement reviennent à l'âme. Et cela, qu'est-ce donc ? La pensée et toute autre forme d'excellence. Dans cette classe, il faut ranger tous les poètes qui sont des procréateurs et tous les artisans que l'on qualifie d'inventeurs.[15]

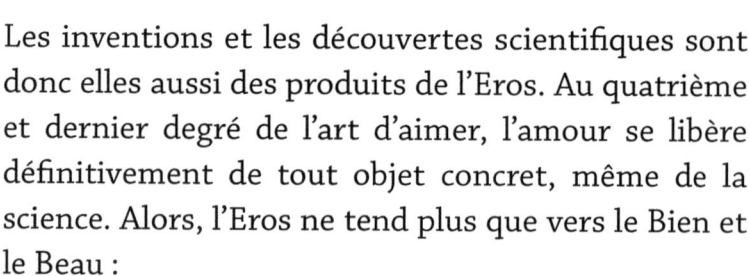

Les inventions et les découvertes scientifiques sont donc elles aussi des produits de l'Eros. Au quatrième et dernier degré de l'art d'aimer, l'amour se libère définitivement de tout objet concret, même de la science. Alors, l'Eros ne tend plus que vers le Bien et le Beau :

La pensée centrale de Platon

> [...] celui qui a été guidé jusqu'à ce point par l'instruction qui concerne les questions relatives à l'Eros, [...] parce qu'il est désormais arrivé au terme suprême des mystères d'Éros, apercevra soudain quelque chose de merveilleusement beau par nature. [...] [La beauté] lui apparaîtra en elle-même et pour elle-même [...]. [16]

Il s'agit donc, pour Platon, de détacher la pulsion érotique du beau corps de l'être aimé, de commettre des actes beaux et vertueux en sa faveur, de reconnaître la vertu elle-même comme belle pour finalement ressentir le Beau en soi, c'est-à-dire la pure Idée du Beau :

> Voilà donc quelle est la droite voie qu'il faut suivre dans le domaine des choses de l'amour ou sur laquelle il faut se laisser conduire par

> un autre : c'est, en prenant son point de départ dans les beautés d'ici-bas pour aller vers cette beauté-là, de s'élever toujours, comme au moyen d'échelons, en passant d'un seul beau corps à deux, de deux beaux corps à tous les beaux corps, et des beaux corps aux belles occupations, et des occupations vers les belles connaissances qui sont certaines, puis des belles connaissances qui sont certaines vers cette connaissance qui constitue le terme, celle qui n'est autre que la science du beau lui-même, dans le but de connaître finalement la beauté en soi.[17]

Telle est la signification du fameux « amour platonique », qui consiste, en réalité, à reconnaître puis à désirer ce qui réellement rend notre âme heureuse – le Beau en soi. Dans son usage commun, le terme d'amour platonique désigne un amour non-sexuel, spirituel entre un homme et une femme. Or, cette conception n'est pas tout à fait correcte et ne correspond que partiellement à la pensée initiale de Platon. Car, bien au-delà des rapports entre deux êtres humains, c'est à l'amour spirituel pour le Beau, le Vrai et le Bien en soi que pense Platon. Or, seule une minorité parvient à accomplir cette ascension vers la plus haute forme d'amour. La multitude, remarque Platon, reste fixée au premier degré d'amour et échoue ainsi à sublimer la pulsion érotique. Car ils confondent l'Idée du Bien avec ce que leur désir leur fait tenir pour bien. Ainsi, Socrate explique à un de ses interlocuteurs :

> Mais, par ailleurs, tu sais aussi que la plupart des gens croient que le bien s'identifie au plaisir, et quant à l'élite des gens raffinés, elle croit qu'il s'identifie à la connaissance.[18]

Dans le *Gorgias*, Platon affirme que l'homme qui ne suit que ses seuls désirs est comparable à un homme qui essaie une vie durant de remplir un tonneau troué. Lorsque son interlocuteur Calliclès lui répond que ce trou est quelque chose de tout à fait positif, parce que grâce à lui, les sensations de faim et de soif reviennent constamment, rendant ainsi possibles de nouveaux plaisirs, Platon réplique froidement :

> Tu parles de la vie d'un pluvier, qui mange et fiente en même temps ![19]

Car le pluvier lui aussi, ajoute-t-il non sans provocation, passe sa vie à manger, à déféquer, puis à attendre la prochaine faim. L'homme pulsionnel se perd dans les plaisirs éphémères. Au contraire, l'homme qui dirige son désir vers l'Idée du Bien, du Vrai et du Beau connaîtra une forme d'amour bien plus intense :

> Eh bien, il en va de même pour l'amour. En résumé, tout ce qui est désir de ce qui est bon, tout ce qui est désir du bonheur, voilà en quoi consiste pour tout le monde « le très puissant Éros […] ».[20]

L'homme doit alors orienter son amour vers les Idées éternelles du Beau et du Bien. Mais que sont ces Idées ? Comment peut-on percevoir la pure Idée du Beau ? Et en quoi consiste-t-elle ?

La doctrine des Idées

Rappelons tout d'abord que le mot « idée » dans la Grèce antique revêtait une signification bien différente de celle que nous lui attribuons aujourd'hui, à savoir une pensée qui nous passe par la tête, au sens où nous disons parfois : « J'ai une bonne idée ! ». En grec ancien, le terme d'*eidos* signifie bien plus « forme » ou « archétype » et ce n'est que dans ce sens que Platon l'utilise. Au-delà de la multitude des objets sensibles et sujets au changement, Platon postulait l'existence de formes originaires, premières, qui, en tant qu'archétypes, servent de modèle et de fondement aux choses telles que nous les percevons.

Les Idées, chez Platon, sont des archétypes archaïques, que chaque homme porte en soi à sa naissance et grâce auxquels il est capable de structurer et d'appréhender le monde qu'il perçoit. Sans ces Idées, nous serions incapables de saisir les changements qui nous entourent, et sombrerions ainsi dans le chaos des perceptions sensibles.

Dans un premier temps, nous pouvons donc comprendre les Idées comme tout ce qui réunit un ensemble de phénomènes individuels sous une même dénomination. Prenons comme exemple l'Idée d'arbre. Celle-ci réunit l'ensemble des arbres matériels, visibles, sous un seul archétype plus abstrait, à savoir le concept d'arbre. Un bouleau, un sapin, un palmier, un chêne et un saule pleureur n'ont, certes, ni les mêmes feuilles, ni la même écorce ni encore les mêmes branches, mais dans leur développement et leur croissance, tous ces arbres divers suivent un même principe, unique et invisible, une forme à laquelle on les reconnaît, un modèle originaire, un « *eidos* » - l'arbrité ou, comme dirait Platon, l'Idée d'arbre. Ce n'est que grâce à celle-ci que je peux identifier ces végétaux différents, tantôt grands, tantôt petits, tantôt verdoyants, tantôt desséchés, comme étant des arbres et que je peux immédiatement les distinguer d'autres végétaux comme des fleurs ou des buissons.

Dès que j'ouvre les yeux tous les matins, je distingue automatiquement les Idées originaires derrière la multiplicité de sensations, d'odeurs et de sons auxquels je suis exposé, et ce sont ces Idées qui m'aident à mettre en ordre cet ensemble chaotique de stimuli.

Ainsi donc, derrière tout phénomène perceptible, derrière la nature dans toute sa diversité, se trouvent des Idées éternelles, dont les objets sensibles, concrets, ne sont que des imitations. Platon souligne que l'Idée doit déjà exister au préalable pour que les choses concrètes, perceptibles, qui participent de cette Idée, puissent apparaître. Ainsi, ce sont les Idées qui constituent la vraie et première réalité. Ceci n'est pas aisé à comprendre pour nous modernes, habitués que nous sommes à partir du sensible, du concret, pour petit à petit construire des termes généraux et des unités abstraites. Pour nous, c'est la chose sensible qui est à l'origine, le terme générique n'étant qu'une construction après coup, sensée subsumer la multitude sous l'unité. Or, pour Platon, l'Idée revêt un caractère fondamental, premier.

Prenons un exemple : le menuisier, lorsqu'il entreprend de construire une table, a une idée bien précise de ce que doit être une table bien avant de se mettre au travail. Ainsi, pour que la table concrète, matérielle, puisse devenir réalité, l'idée « table » doit exister au préalable. Toutes les tables qu'a construites le menuisier durant sa longue carrière de menuisier, qu'elles soient carrées, triangulaires ou rondes, ne font que participer de cette Idée de la table qui existe préalablement.

L'exemple du cercle illustre encore mieux la primauté de l'Idée dans la pensée platonicienne. Car en effet, le cercle dans sa forme pure et idéale n'existe pas dans la nature concrète. Par définition, un cercle est constitué d'un ensemble de points assemblés de manière concentrique autour d'un centre dont ils sont tous situés à la même distance. Même une assiette en céramique, un disque ou des pièces d'argent réalisés avec le plus grand soin ne donneront jamais de cercles entièrement précis et resteront toujours des imitations plus ou moins conformes à l'Idée première de cercle. C'est bien pour cela que les mathématiciens ne s'intéressent pas aux cercles réels, visibles dans la nature, ou aux dessins de cercles ; c'est de l'Idée invisible du cercle qu'il s'agit pour eux, Idée appréhendable par la raison seulement :

> Toutes ces figures, en effet, ils les modèlent et les tracent, elles qui possèdent leurs ombres et leurs reflets sur l'eau, mais ils s'en servent comme autant d'images dans leur recherche pour contempler ces êtres en soi qu'il est impossible de contempler autrement que par la pensée.[21]

Le triangle équilatéral est lui aussi une Idée, qui, en elle-même, n'a pas d'équivalent dans la réalité quotidienne. Même lorsqu'un menuisier construit avec le plus grand effort un triangle équilatéral de bois, ou lorsqu'un mathématicien dessine un tel triangle dans le sable, ce ne seront que des imitations imparfaites de l'Idée première de triangle équilatéral qu'ils ont en tête. De plus, le triangle dessiné dans le sable est éphémère et soumis au changement. Le premier souffle de vent ou la pluie peuvent l'effacer. Le triangle de bois, lui aussi, moisira un jour. L'Idée de triangle, par contre, reste valide à jamais, les Idées étant, par nature, invisibles et intemporelles.

Le caractère éternel des Idées d'un côté, et le caractère éphémère des objets sensibles de l'autre, sont un indice décisif pour Platon de la primauté des Idées par rapport aux objets sensibles et de la supériorité de leur mode d'être. Tout ce que nous percevons avec nos yeux est soumis au changement incessant et n'est donc connaissable que grâce à des schèmes. Si nous ne disposions pas d'une telle Idée préalable de ce qui fait qu'un être humain est un être humain, il nous serait impossible de reconnaitre avec autant de certitude que des êtres aussi différents qu'un nouveau-né, un adolescent, un homme, une femme ou un vieillard sont tous des êtres humains.

Comme dernier exemple pour la primauté des Idées et de leur mode d'être, prenons l'Idée du Beau. Un bel homme peut vieillir, sa peau se couvrir de cicatrices après un accident. Les couleurs d'un beau vase peuvent pâlir, le vase lui-même peut se casser en mille morceaux. Mais l'Idée du Beau, en elle-même, reste intouchée par tout cela. Les êtres humains, les animaux, les plantes et les objets ne peuvent que participer de la beauté pour une courte durée, puis périssent. Le Beau en lui-même ne subit pas de telle dégradation, car il est immatériel et impérissable. C'est ainsi que Platon distingue les belles choses de l'Idée du Beau, et il remarque :

> [...] toutes les autres choses qui sont belles participent de cette beauté d'une manière que ni leur naissance ni leur mort [...] ne produit aucun effet sur elle [sur l'Idée du Beau, N.d.T.]. 22

La Beauté, nous dit ici Platon, ne peut jamais être expliquée par un objet, une forme ou une couleur particulière. Nous pouvons tout à fait estimer que la couleur rouge ou la forme ronde d'une boule sont belles à un moment, laides à un autre, selon le contexte dans lequel apparaissent cette couleur et cette forme. Le rouge du soleil couchant éveillera par exemple notre admiration, tandis qu'une balle couverte de sang inspirera notre dégoût, alors que les deux sont rouges et ronds. La beauté d'un objet ne dépend donc ni de sa forme ronde, ni de sa couleur rouge, ni d'ailleurs d'aucun autre aspect extérieur, quel qu'il soit, mais tout simplement du fait que l'objet en question, rouge et de forme ronde, participe ou non de l'Idée du Beau. C'est pour cela que Platon ne s'intéresse pas aux longs discours expliquant la beauté d'une chose. Car, finalement, ce n'est que par la présence et la participation de l'Idée du Beau que les choses sont belles :

> […] quand on vient me dire que telle chose est belle en raison de sa couleur éclatante, de sa forme, ou de n'importe quoi du même genre, je tourne poliment le dos à tout cela, car dès que j'entre dans ces considérations, me voilà tout troublé ! Pour ma part, je refuse de compliquer les choses et de chercher plus loin et je m'en tiens […] à ceci : rien d'autre ne rend cette chose belle sinon le beau, qu'il y ait de sa part présence, ou communauté, ou encore qu'il survienne – peu importe par quelles voies et de quelle manière, car je ne suis pas encore en état d'en décider ; mais sur ce point-là, oui : que c'est par le beau que toutes les belles choses deviennent belles. [23]

Notre sentiment du beau est donc le résultat de la participation des choses de l'Idée invisible du Beau, et non de formes ou de couleurs particulières.

Le savoir comme réminiscence

Même un enfant, malgré le peu d'expérience de vie qu'il a, sait distinguer le beau du laid, le grand du petit. Le fait que nous soyons, dès l'enfance, capables de faire des distinctions est un indice pour Platon du fait que nous devons avoir connu les Idées du Beau, de la Grandeur, de l'Égalité, ainsi que toutes les autres Idées, bien avant notre naissance. Il pose donc la question :

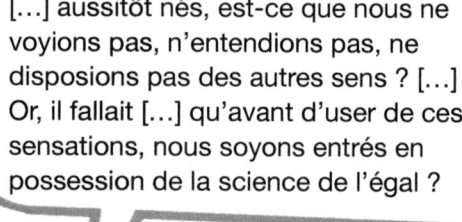

[...] aussitôt nés, est-ce que nous ne voyions pas, n'entendions pas, ne disposions pas des autres sens ? [...] Or, il fallait [...] qu'avant d'user de ces sensations, nous soyons entrés en possession de la science de l'égal ?

> [...] Mais alors, à ce qu'il semble, c'est nécessairement avant de naître que nous sommes entrés en sa possession ?[24]

Nous voici devant un élément clé de la philosophie platonicienne. Il n'est pas nécessaire d'enseigner les Idées d'Égalité, de Grandeur ou de Beau aux enfants. Elles semblent, au contraire, être déjà là, présentes, avant tout enseignement. Même un esclave, n'ayant jamais visité d'école et donc jamais bénéficié d'un enseignement en géométrie, peut, selon Platon, résoudre une série de problèmes géométriques, rien qu'en se servant de l'Idée qu'il porte en lui. C'est avec cette thèse en tête que Platon interroge un jeune esclave dans le Ménon. Celui-ci est en effet capable de répondre à des questions au sujet d'un carré, sans disposer d'aucun savoir préalable en géométrie, en se servant uniquement des Idées du carré et de l'égalité des côtés, sans que quiconque ne les lui ait enseignées auparavant. Socrate en conclut :

> Mais s'il ne les a pas reçues dans sa vie actuelle, n'est-il pas désormais évident qu'il les possédait en un autre temps, les ayant déjà apprises ?[25]

Que peut bien être cet « autre temps » ? La réponse de Platon est surprenante. C'est avant la naissance qu'a lieu cet étrange apprentissage, nous dit-il. Dans la conception platonicienne, notre âme existe bien avant que nous venions au monde. Avant la naissance, dans une sorte de monde parallèle, les âmes des humains sont unies aux Idées éternelles. Lorsque l'âme s'incarne dans un corps humain et vient au monde, elle oublie une grande partie des choses qu'elle avait apprises lors de son union aux Idées. Ce n'est que petit à petit que l'âme se souviendra de ce qu'elle a contemplé avant sa naissance, c'est-à-dire des Idées, dont l'Idée de vertu :

> Or, comme l'âme est immortelle et qu'elle renaît plusieurs fois, qu'elle a vu à la fois les choses d'ici et celles de l'Hadès, c'est-à-dire toutes les réalités, il n'y a rien qu'elle n'ait appris. En sorte qu'il n'est pas étonnant qu'elle soit capable, à propos de la vertu comme

> à propos d'autres choses, de se remémorer ces choses dont elle avait justement, du moins dans un temps antérieur, la connaissance. […] Aussi, le fait de chercher et le fait d'apprendre sont, au total, une réminiscence.[26]

Ainsi, pour Platon, tout apprentissage n'est en fait que ré-apprentissage, réminiscence d'états antérieurs, lors desquels nous étions unis aux Idées invisibles. L'âme existe donc bien avant notre naissance. De plus, elle ne meurt pas après notre vie sur terre, mais ne fait que quitter le corps humain. Au moment de la mort, elle se libère du corps et retourne au royaume des Idées.

L'immortalité de l'âme

Les âmes humaines sont immortelles. Cependant, elles ne connaissent pas toutes le même sort après la mort. En effet, la manière dont l'individu a conduit sa vie est de grande importance pour le destin de l'âme. L'homme qui, de son vivant, a tourné son âme vers les Idées et s'est ouvert à l'Idée du Bien, verra son âme se détacher facilement du corps :

> Mais il peut arriver, je suppose, qu'au moment où elle se sépare du corps l'âme soit infectée, et non pas purifiée – cela, parce qu'elle s'associe toujours au corps et lui prodigue son attention, sa tendresse, et qu'elle est ensorcelée par lui, par ses appétits et ses plaisirs, au point de tenir exclusivement pour vrai ce qui a forme corporelle ; ce qu'on peut toucher, voir, boire, manger, servir aux plaisirs de l'amour. […] Peux-tu croire qu'une âme, quand elle est dans cet état, se retrouvera, une fois séparée, concentrée en elle-même dans toute sa pureté d'âme ? [27]

La réponse que donne Platon est catégorique. Une âme qui, la vie durant, est restée empêtrée dans les besoins et les désirs corporels est incapable de se libérer entièrement du corps au moment de la mort et est condamnée à errer, sans espoirs, dans un monde d'ombres.

Ainsi, l'accès au monde des Idées reste fermé aux âmes pècheresses, un élément que l'on retrouvera plus tard dans la théologie chrétienne. Cependant, il n'existe pas dans la vision platonicienne de purgatoire qui permettrait aux âmes d'être sauvées. Les âmes encore incapables de s'unir aux Idées divines n'ont d'autre solution que de revenir au monde dans un corps – c'est-à-dire, de se réincarner.

Socrate décrit de manière détaillée à son interlocuteur Cébès cette errance des âmes perverties et condamnées à errer en tristes silhouettes, dans un monde d'ombres, entourées de tombeaux et de sépultures, jusqu'à ce qu'elles trouvent un corps dans lequel se réincarner :

> […] ce sont les âmes d'hommes sans valeur qui sont forcées d'errer autour de pareils objets, subissant ainsi le châtiment

> de leur manière de vivre passée, qui était mauvaise. Et elles continuent d'errer jusqu'au moment où, habitées par cet appétit qu'elles ont de leur compagnon -celui qui a forme corporelle-, elles reviennent de nouveau s'enchaîner à un corps.[28]

La conception platonicienne de la réincarnation présente des parallèles étonnants avec l'hindouisme. En effet, les spécialistes supposent que c'est lors de ses nombreux voyages que Platon serait entré en contact avec la doctrine hindouiste de la réincarnation. Tout comme l'hindouisme, Platon affirme qu'il y a un lien entre la manière dont l'âme a mené sa vie et le corps dans lequel elle renaît. Ainsi l'homme qui vit une vie de péché sera réincarné dans le corps d'un animal de basse espèce.

La pensée centrale de Platon

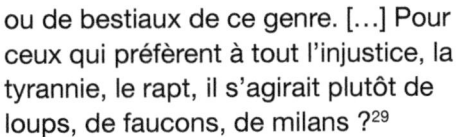

> Par exemple : ceux qui n'ont jamais rien fait d'autre que bâfrer, forniquer, se soûler, qui ne se sont jamais retenus, ceux-là viennent vraisemblablement plonger dans des corps appartenant à l'espèce des ânes ou de bestiaux de ce genre. […] Pour ceux qui préfèrent à tout l'injustice, la tyrannie, le rapt, il s'agirait plutôt de loups, de faucons, de milans ?[29]

Les âmes moins corrompues, elles, renaîtront comme abeilles, comme fourmis, ou encore comme des hommes ou des femmes. Mais comment Platon en vient-il à cette conviction surprenante de l'immortalité de l'âme ? Dans le *Phédon*, qui est probablement l'une des œuvres les plus importantes de la littérature grecque antique, Platon décrit les dernières heures de Socrate avant sa mort et y expose sa conception de la migration des âmes. Socrate, condamné à mort, console ses compagnons et leur assure qu'il n'a pas peur de la mort, convaincu qu'il y a « quelque chose » après elle.

> C'est pourquoi je ne me révolte pas […] ; et même j'ai bon espoir que, pour les morts, quelque chose existe et, comme cela se dit du reste depuis longtemps, quelque chose de bien meilleur pour les bons que pour les mauvais. [30]

Comme les âmes des défunts continuent à vivre après s'être libérées du corps au moment de la mort, celle-ci n'est pas un mal pour le réel philosophe. Au contraire, il se prépare au fond tout au long de sa vie à ce moment-là. En ce sens, philosopher, c'est apprendre à mourir. Et Platon fait dire à Socrate quelques instants avant sa mort :

> Car c'est bien là une chose dont les autres risquent de ne pas avoir conscience : que tous ceux qui s'appliquent à la philosophie et s'y appliquent droitement ne s'occupent de rien d'autre que de mourir et d'être morts.[31]

C'est donc de sa conviction selon laquelle elle serait une libération pour l'âme que Socrate tient sa légèreté face à la mort. Car lors de son vivant, l'âme se trouve dans un état pitoyable :

> [...] tout bonnement enchaînée à l'intérieur d'un corps, agrippée à lui, contrainte aussi d'examiner tous les êtres à travers lui comme à travers les barreaux d'une prison [...].[32]

À un autre endroit, Platon parle du corps comme du tombeau de l'âme.[33] Pour lui, l'immortalité de l'âme, loin de n'être qu'une simple supposition, peut être démontrée. À côté du phénomène de la réminiscence des Idées, Socrate avance trois autres arguments en faveur de cette thèse. Il remarque, tout d'abord, qu'il n'existe par principe que deux types d'êtres au monde, le visible et l'invisible. Le visible, ce sont par exemple les chaises, les tables, les maisons, les pierres, les plantes, les animaux. L'invisible, ce sont les Idées du

Juste, du Bon et du Beau. Les choses visibles sont éphémères. Le bois d'une chaise peut moisir, la pierre se décomposer, la maison tomber en décombres. Or, les choses invisibles sont éternelles. L'Idée du Juste, par exemple, existe depuis de nombreux siècles et ne cessera d'exister dans l'avenir. Or, il est évident que l'âme appartient aux choses invisibles. Il en suit donc qu'elle doit elle aussi être immortelle.

Le second argument est lui aussi lié au caractère éphémère des choses sensibles. En effet, le corps d'une plante, d'un animal ou d'un homme sont soumis au changement incessant. Les corps naissent, croissent, se développent, connaissent une période de vieillissement, puis de déclin. Au contraire, les Idées invisibles, comme celle du Juste ou du Bien, restent éternellement pareilles à elles-mêmes. L'âme n'étant pas soumise au changement incessant comme l'est le corps, elle appartient aux êtres immuables et est donc éternelle.

Troisièmement, on peut distinguer toutes les formes d'être selon qu'elles peuvent ou non s'automouvoir, c'est-à-dire être cause de leur propre mouvement. Une pierre, par exemple, doit être poussée ou jetée pour bouger, elle ne peut jamais se mettre elle-même en mouvement. Comme toutes les choses qui doivent être mises en mouvement par autre chose qu'elles-mêmes, la pierre est éphémère et périssable. Il en va autrement pour l'âme.

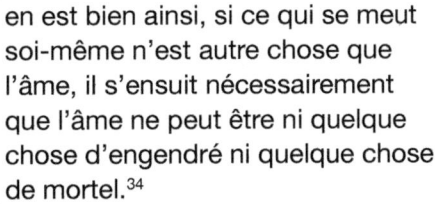

Toute âme est immortelle. En effet, ce qui se meut toujours est immortel. […] Car tout corps qui reçoit son mouvement de l'extérieur est inanimé ; mais celui qui le reçoit du dedans, de lui-même, est animé […] Or, s'il en est bien ainsi, si ce qui se meut soi-même n'est autre chose que l'âme, il s'ensuit nécessairement que l'âme ne peut être ni quelque chose d'engendré ni quelque chose de mortel.[34]

Nous touchons ici à un élément central de la philosophie platonicienne. Durant chacune de ses vies, l'âme peut aspirer à se libérer du corps en menant une vie vertueuse et rationnelle. Or, au quotidien, nous sommes sans cesse exposés à une multitude d'impressions et de stimuli qui nous détournent de l'essentiel. Au fond, toute la philosophie platonicienne tourne autour de la question de savoir comment nous pouvons reconnaître les Idées éternelles du Bon, du

Vrai et du Beau. C'est dans ses deux fameuses allégories, l'allégorie du soleil et l'allégorie de la caverne, que Platon livre une réponse à cette question.

L'allégorie du soleil

Dans l'allégorie du soleil, Platon établit une analogie entre le phénomène de la vision par l'œil d'une part, et le phénomène de la connaissance par l'âme d'autre part. Tout comme la lumière est nécessaire pour que nos yeux puissent reconnaître les objets de manière claire et distincte, l'Idée du Bien est nécessaire pour que l'âme puisse apercevoir la vérité.

Platon, dans cette allégorie, va tout d'abord décrire le phénomène de la vision dans son sens le plus ordinaire. Sans les rayons du soleil, l'œil ne peut reconnaître ni le clair, ni le foncé, ni aucune couleur, aucun objet n'étant alors illuminé. La lumière est donc indispensable pour que nous puissions percevoir quoi ce que soit avec nos yeux. Et selon la force de cette lumière, nous reconnaissons plus ou moins bien les choses de ce monde :

> Mais, quand c'est vers les objets dont le soleil illumine les couleurs, alors ils voient clair et l'existence de la vue en ces mêmes yeux est évidente.[35]

Platon va alors transposer ce processus physique de la vision à l'âme :

> Conçois donc, maintenant, qu'il en est de même pour la vision de l'âme. Lorsqu'elle se tourne vers ce que la vérité et l'être illuminent, alors elle le pense, elle le connaît et elle semble posséder l'intellect. Lorsqu'elle se tourne cependant vers ce qui est mêlé d'obscurité, sur ce qui devient et se corrompt, alors elle a des opinions dans lesquelles elle s'embrouille en les revirant en tous sens, et on dirait qu'elle est alors dépourvue d'intellect.[36]

Il s'agit donc d'ouvrir l'âme à la lumière, c'est-à-dire à l'Idée du Bien. Car ce n'est que grâce à l'existence du Bien que nous pouvons accéder à la connaissance vraie. Non seulement la lumière permet aux choses d'être vues, elle est aussi responsable de leur existence même. Car comme le résume un des personnages dans ce passage de la *République*, ce n'est que la lumière du soleil qui éveille les êtres à la vie :

> Je pense que tu admettras que le soleil confère aux choses visibles non seulement le pouvoir d'être vues, mais encore la genèse, la croissance et la subsistance, encore que lui-même ne soit aucunement genèse.[37]

Cette dernière petite phrase contient une distinction décisive. En effet, depuis Platon, philosophes et théologiens parlent de la « différence ontologique », terme qui paraît compliqué, mais qui désigne en réalité quelque chose de très simple. Le soleil, c'est-à-dire l'Idée du Bien, est certes source de lumière, lumière qui cause l'existence, la croissance et le devenir de tous les êtres, mais il n'est pas lui-même un tel devenir ni un tel être. Le soleil, ou le Bien, est quelque chose de supérieur et de divin, une sorte de moteur immobile, l'origine métaphysique de tous les êtres physiques, matériels, présents sur terre, y compris des êtres vivants, plantes, animaux et humains.

Car le soleil donne la vie et c'est un point sur lequel Platon ne cesse d'insister dans ce passage de l'allégorie. Il cause la croissance et l'épanouissement des fleurs, des prés et des champs, tout en n'étant lui-même soumis à aucun changement. Seul le soleil n'obéit pas à la loi du devenir et du disparaître, mais en est à l'origine. Il a toujours existé et ne cessera d'exister. Pour Platon, il en est de même pour l'Idée du Bien. C'est l'Idée du Bien qui permet aux hommes de reconnaître la vérité, elle ne lui est toutefois pas identique. Le Bien n'est pas la vérité, mais il en est la source :

> Eh bien, ce qui confère la vérité aux objets connaissables et accorde à celui qui connaît le pouvoir de connaître, tu peux déclarer que c'est la forme du bien. Comme elle est la cause de la connaissance et de la vérité, tu peux la concevoir comme objet de

> connaissance, et si tu reconnais à l'une et à l'autre -la connaissance et la vérité- une certaine beauté, tu porteras un jugement correct si tu estimes qu'il existe encore quelque chose de plus beau [qu'elles].[38]

La connaissance et la vérité sont donc certes bonnes, c'est-à-dire qu'elles participent de l'Idée du Bien, mais elles ne lui sont pas identiques.

Cette thèse platonicienne, selon laquelle nous aurions besoin, pour connaître l'être éphémère, de quelque chose de « supérieur », qui n'appartient plus lui-même à cet être, constitue le point de départ de la métaphysique occidentale, pour laquelle tout étant matériel, physique, ne peut être connu qu'à l'aide du métaphysique, c'est-à-dire de ce qui va au-delà du physique. Certes, l'âme peut, selon Platon, participer de l'Idée du Bien, mais l'Idée du Bien elle-même a son origine en dehors de l'âme. Cette différence entre l'être des choses physiques d'une part, et la possibilité de connaître ces choses à l'aide de quelque chose qui les dépasse, qui dépasse l'être, cette différence a été surnommée a posteriori la « différence ontologique ».

Nous voici arrivés véritablement au cœur de la philosophie platonicienne. C'est parce que notre âme peut participer des Idées éternelles qu'il nous est possible d'accéder à la vérité et à la lumière. Car tout homme est disposé, par nature, à ouvrir son âme à l'Idée du Bien et à reconnaître la vérité. Seulement, nous nous laissons trop souvent distraire au quotidien et nous nous orientons plutôt à des apparences fausses et trompeuses. C'est dans l'allégorie de la caverne que Platon va illustrer cette conviction.

L'allégorie de la caverne

Pour reconnaître le Bien, l'homme doit laisser derrière lui le monde des opinions et des préjugés quotidiens et avancer pas à pas vers la vérité et la lumière. Cette libération de l'âme d'un monde d'apparences et d'illusions, Platon la dépeint comme une difficile et pénible sortie d'une sombre caverne. Au début du livre VII de la *République*, il demande à ses interlocuteurs de s'imaginer la morne situation d'hommes ayant vécu toute leur vie dans une caverne :

> Représente-toi des hommes dans une sorte d'habitation souterraine en forme de caverne. Cette habitation possède une entrée disposée en longueur, remontant de bas en haut tout le long de la caverne vers la lumière.
>
> Les hommes sont dans cette grotte depuis l'enfance, les jambes et le cou ligotés de telle sorte qu'ils restent sur place et ne peuvent regarder que ce qui se trouve devant eux, incapables de tourner la tête à cause de leurs liens.[39]

Un groupe d'hommes est installé le dos tourné contre l'entrée de la caverne. Ne pouvant se retourner à cause de leurs liens, ils passent leur vie les yeux fixés contre la paroi de la caverne. Derrière eux, des hommes transportent des objets le long d'un petit sentier illuminé par des torches, de sorte que les ombres de ces hommes et des objets sont projetées au mur de la caverne. Y vivant depuis leur enfance et n'ayant donc jamais rien vu d'autre, les hommes attachés tiennent ces projections pour réelles. Ils leur donnent des noms et en parlent comme si elles existaient réellement. En effet, comment pourraient-ils reconnaître qu'il ne s'agit que d'images trompeuses, n'ayant jamais pu se retourner ?

> Et que se passerait-il si la prison recevait aussi un écho provenant de la paroi d'en face ? Chaque fois que l'un de ceux qui passent se mettrait à parler, crois-tu qu'ils penseraient que celui qui parle est quelque chose d'autre que l'ombre qui passe ? […] Chaque fois que l'un d'entre eux serait détaché et contraint de se lever subitement, de retourner la tête, de marcher et de regarder vers la lumière, […] que crois-tu qu'il répondrait […] ?[40]

Et que se passerait-il si l'un des prisonniers se libérait de ses liens et remontait vers la sortie ? Ne serait-il pas alors obligé de reconnaître petit à petit que les ombres ne sont pas réelles et qu'il a passé sa vie à tenir pour vraies des projections artificielles ? Quelle âpre découverte ! Et s'il poursuivait son chemin, ne verrait-il pas tous ces gens allant et venant et le feu les éclairant, puis, une fois arrivé à la sortie, n'apercevrait-il pas la lumière du jour ?

Ébloui par celle-ci, il verrait d'abord les reflets des nuages et du paysage sur la mer et les tiendrait pour réels. Mais au fur et à mesure, il réussirait à apercevoir les paysages réels et le ciel. Et il lèverait finalement son regard vers le haut et verrait alors le soleil, cette forme première, qui donne à toutes les choses leur apparence et leur existence. Ce moment de la perception du soleil, imagine Platon, provoquerait chez le prisonnier libéré une réaction foudroyante :

> Alors [...] [il sera] enfin capable de discerner le soleil [...] et il en infèrerait au sujet du soleil que c'est lui qui produit les saisons et les années, et qui régit tout ce qui se trouve dans le lieu visible, et qui est cause d'une certaine manière de tout ce qu'ils voyaient là-bas.[41]

Cette allégorie est une illustration de l'idée platonicienne selon laquelle nous serions, dans notre quotidien, entourés d'images trompeuses et que nous y aurions perdu le sens de la vérité. Tout comme les prisonniers dans la caverne, nous attribuons de l'importance à des choses qui n'en ont pas. Et à cause de notre amour du confort et de la facilité ainsi que de notre peur du changement, nous laissons nos âmes sous l'emprise de silhouettes trompeuses, au lieu de nous libérer et de réaliser l'ascension de notre âme vers le monde des Idées.

Car la montée vers la sortie de la grotte est pénible, et c'est pour cela que la majorité des humains se contentent de tenir pour vraies de simples silhouettes. Voilà aussi ce qui explique leur agacement lorsque celui qui a contemplé le soleil et donc l'Idée du Bien, du Vrai et du Beau revient à la caverne pour leur annoncer que leur monde miséreux n'est constitué que d'illusions.

Et, continue Platon, un destin pire encore attendrait notre homme s'il osait essayer de libérer les prisonniers pour les pousser à monter vers la sortie. Alors, nous dit Platon, c'est à sa vie qu'on en voudra.

[...] ne serait-il pas l'objet de moqueries et ne dirait-on pas de lui : « comme il a gravi le chemin qui est là-haut, il

> revient les yeux ruinés », et encore : « cela ne vaut même pas la peine d'essayer d'aller là-haut ? ». Quant à celui qui entreprendrait de les détacher et de les conduire en haut, s'ils avaient le pouvoir de s'emparer de lui de quelque façon et de le tuer, ne le tueraient-ils pas ?[42]

Ce passage contient sans nul doute une allusion au destin de Socrate, accusé de corrompre les mœurs des jeunes gens et condamné à mort pour avoir voulu conduire les Athéniens à la lumière et à une vie meilleure. Jusqu'aujourd'hui, l'allégorie de la caverne nous avertit de ne pas nous contenter du monde trompeur des impressions immédiates. Car, nous dit Platon, chaque homme porte en lui la possibilité de se libérer de ses liens et de s'élever vers la vérité.

L'État idéal

Or, seule une minorité de personnes est en mesure de suivre la lumière de la vérité et c'est à ces gens-là que devrait revenir la gestion des affaires de l'État. C'est pour cela que pour Platon, il n'y a de meilleurs garants pour le bon gouvernement de la cité que les philosophes véritables :

> À moins que [...] les philosophes n'arrivent à régner dans les cités, ou à moins que ceux qui à présent sont appelés rois et dynastes ne philosophent de manière authentique et satisfaisante, [...] il n'y aura pas [...] de terme aux maux des cités ni [...] à ceux du genre humain.[43]

Seuls les philosophes sont en mesure de gérer les affaires de l'État avec justice et droiture. En conséquence, la meilleure forme de gouvernement pour Platon est l'aristocratie au sens propre du mot grec, c'est-à-dire « le gouvernement des meilleurs ». Ceci peut surprendre, quand l'on sait qu'il existait déjà, dans l'Antiquité, des cités-États au fonctionnement démocratique. Mais Platon se méfiait profondément du gouvernement du peuple et lui préférait l'aristocratie. C'est dans son dialogue principal, la *République*, qu'il évoque les conséquences dangereuses de la démocratie. Selon lui, le droit de vote accordé à tous les citoyens est un réel danger, le peuple ordinaire se laissant trop facilement impressionner et manipuler par des slogans tapageurs :

> Ceux qui aiment écouter [...] et ceux qui aiment les spectacles chérissent les belles sonorités, les belles couleurs, les belles figures et toutes les œuvres qu'on compose à partir de ces éléments, mais

> quand il s'agit du beau lui-même, leur pensée est incapable d'en voir la nature et de le goûter. [...] Est-ce qu'alors nous ferons entendre une fausse note en les appelant amis de l'opinion plutôt qu'amis de la sagesse, philosophes ?[44]

Le peuple succombant très facilement aux opinions et aux préjugés, il risque d'élire celui qui se sera mis en scène de la manière la plus criarde et tapageuse. D'où le risque de voir la démocratie tomber dans la tyrannie :

[...] le peuple n'a-t-il pas l'habitude de toujours choisir quelqu'un pour le placer à la tête, de l'entretenir et de lui donner toujours plus d'importance ?[45]

L'ivresse du pouvoir saisirait rapidement un tel dirigeant acclamé par les foules, et il érigerait petit à petit, à l'aide des policiers et des juges, un système de terreur, sans aucun respect des lois. Il arrêterait et condamnerait des citoyens accusés à tort, les pousserait à l'exil ou les déporterait, les assassinerait peut-être, comparable à un animal sauvage, assoiffé de sang :

> N'est-ce pas donc de la même manière que celui qui est à la tête du peuple, quand il a sous son emprise une foule entièrement subjuguée, ne s'abstient plus de s'abreuver du sang de ceux de sa tribu ? N'est-ce pas justement quand, par des accusations injustes du genre de celles qu'apprécient ces gens-là, il les traîne devant les tribunaux pour leur enlever la vie, qu'il se souille lui-même ?[46]

Et il n'aura évidemment aucun scrupule à abolir le droit de vote et à établir son règne à perpétuité. Le grand problème de la démocratie, pour Platon, réside donc dans le fait que le citoyen libre et le peuple libre peuvent à tout moment, en élisant un tyran démagogue, choisir leur non-liberté et leur servitude :

La pensée centrale de Platon

> Une liberté excessive ne peut donc apparemment se muer qu'en une servitude excessive et cela aussi bien pour l'individu que pour la cité. [...] Il est dès lors vraisemblable [...] que la tyrannie ne puisse prendre forme à partir d'aucune autre constitution politique que la démocratie, la servitude la plus étendue et la plus brutale se développant, [...] à partir de la liberté portée à son point le plus extrême.[47]

Seule la défaite du tyran contre des ennemis extérieurs pourrait mettre fin à une telle servitude, selon Platon. On pourrait voir ici une anticipation terriblement précise de la catastrophe du national-socialisme en Allemagne 2400 ans plus tard. Ainsi, même si presque toutes les démocraties modernes ont intégré dans leurs constitutions des garanties contre l'auto-dissolution de la démocratie, ces réflexions de Platon peuvent nous paraître dignes de considération. Pour éviter que des hommes dangereux ou d'autres individus à caractère douteux puissent accéder au pouvoir par la voie des urnes, Platon propose une alternative à la démocratie. Dans l'État idéal, seuls les individus capables de réaliser l'Idée suprême du Bien et du Juste pourront aspirer à détenir des fonctions politiques :

> […] dans le connaissable, ce qui se trouve au terme, c'est la forme du bien, et on ne la voit qu'avec peine, mais une fois qu'on l'a vue, on doit en conclure que c'est elle qui constitue en fait pour toutes choses la cause de tout ce qui est droit et beau ; […] et que c'est elle que doit voir celui qui désire agir de manière sensée, soit dans sa vie privée, soit dans la vie publique.[48]

Un peuple qui a à sa tête des hommes ayant contemplé l'Idée du Bien sera gouverné avec amour et sagesse. Les politiques doivent donc être de véritables philosophes. Mais comment trouver ces « philosophes-rois » ? Qui les choisit ?

Platon s'oriente ici à sa conception de la nature de l'âme. Tout comme l'âme, dans l'exemple de l'attelage ailé, est composée des trois éléments de l'Eros, de la volonté et de la raison, l'État idéal doit être composé d'une classe de paysans, d'une classe de gardiens et d'une classe de philosophes. Par nature, les paysans et artisans sont chargés de l'approvisionnement et de la subsistance de la cité, les gardiens armés de sa défense et de la sauvegarde de ses intérêts. Finalement, la tâche qui incombe aux philosophes-rois est la gestion rationnelle et juste de l'État.

Suivant le modèle de l'âme, les paysans et artisans peuvent s'adonner au plaisir et peuvent posséder des biens et de l'argent. Les gardiens, par contre, se caractérisent par la force de leur volonté et leur intransigeance et sont préparés à assurer leurs fonctions par une éducation et un dressage physique particulièrement sévères. La classe supérieure, celle des philosophes, ne se consacre qu'au service de l'État et n'est responsable que du bon gouvernement de la cité. Cette classe des philosophes correspond à la partie rationnelle de l'âme, au conducteur, qui mène avec sagesse la volonté et le désir des classes inférieures dans la bonne direction.

Cet État idéal est certes divisé en trois classes, ou états, mais il y existe la possibilité de s'élever de rang.

En effet, dans l'État idéal platonicien, tout homme a la même chance de devenir philosophe-roi. Tout enfant y bénéficie de la même éducation, indépendamment de l'origine et de la fortune de ses parents. Ce n'est qu'à l'âge de vingt ans, après une formation commune en gymnastique, en musique, en mathématiques et en dialectique que les jeunes gens subissent un examen sévère et impartial. Les meilleurs d'entre eux sont alors sélectionnés et séparés des autres. Après un second examen sélectif au bout de dix ans, ils suivent un enseignement poussé en philosophie, en musique, en art, et en littérature. Remarquons que Platon considérait comme inappropriés certains passages d'Hésiode ou d'Homère, estimant qu'ils pouvaient affaiblir la volonté des candidats. À trente-cinq ans, les candidats doivent alors faire leurs preuves dans le domaine pratique et exercer la fonction de gardiens pour une durée de quinze ans, avant que les meilleurs d'entre eux puissent accéder comme philosophes-rois aux hautes fonctions de la cité.

Le sexe des candidats ne joue ici aucun rôle. Les femmes comme les hommes peuvent être appelés à être gardiens ou philosophes-rois et à s'occuper des affaires de la cité. Les femmes compenseront leur force physique moindre par leur habileté et d'autres vertus :

> C'est donc bien la même aptitude naturelle à la garde de la cité qui existe chez la femme autant que chez l'homme [...].[49]

Qu'il soit homme ou femme, c'est selon ses actes et ses compétences que chaque citoyen sera sélectionné et que lui sera attribuée une fonction dans la cité. La tripartition en trois états permet donc à chacun, selon Platon, d'avoir part au bien-être de la cité à sa manière, selon ses compétences :

> [...] la justice consiste dans la possession de ce qui est notre propriété et dans la pratique de notre tâche propre.[50]

La justice ne signifie donc pas, pour Platon, que tous les citoyens gagnent la même chose ou aient les mêmes fonctions. Ce qui est juste, c'est que revienne à chacun ce qui lui incombe réellement. Par exemple, dans son État idéal, Platon exige bien plus d'engagement et de sacrifices des classes supérieures, c'est-à-dire des gardiens et des philosophes, que des paysans et des artisans, bien plus même que ce qui est exigé des élites politiques et économiques de nos jours. Ainsi, ni les gardiens ni les philosophes-rois n'ont le droit de posséder des biens, pour éviter qu'ils soient tentés d'abuser de leur pouvoir pour leur propre intérêt. Leur mode de vie et leur manière d'habiter sont soumis à des limitations très sévères :

> D'abord, nul bien ne sera la possession privée d'aucun d'entre eux, sauf ce qui est de première nécessité ; ensuite, aucun ne possédera d'habitation ou de cave telles que quiconque le souhaite ne puisse y entrer. Quant aux commodités qui sont nécessaires à ces hommes [...] tempérants et courageux, que cela soit l'objet d'une ordonnance des autres citoyens qui leur alloueront en compensation de leur garde ce qu'il faut pour traverser l'année, sans surplus ni manque. Qu'ils soient assidus aux syssities [repas pris en commun, N.d.T] et qu'ils vivent en communauté, comme ceux qui sont en expédition militaire.[51]

Gardiens et philosophes-rois habitent donc dans des communautés, où même les rapports sexuels sont mis en commun. La monogamie ou une vie familiale privée avec des enfants propres sont interdites, pour exclure que des pères ou des mères puissent abuser de leur pouvoir pour avantager un de leurs enfants. Platon pousse ce raisonnement jusqu'au bout, jusqu'à vouloir bannir des sentiments aussi forts que l'amour maternel ou paternel. Il est nécessaire, selon Platon,

> [q]ue ces femmes soient toutes communes à tous ces hommes, et qu'aucune ne cohabite avec aucun en privé ; que les enfants également soient communs, et qu'un parent ne sache pas lequel est sa progéniture, ni un enfant son parent.[52]

Les enfants grandiront d'abord avec des nourrices, puis en communauté sous la tutelle des gardiens et gardiennes, qui les traiteront tous avec le même amour. Et comme ceux-ci ne sauront jamais s'ils ont affaire à leur propre enfant ou à un enfant étranger, ils les traiteront tous avec le même soin. Pour garantir une bonne progéniture et une démographie constante, Platon appelle même à un contrôle des naissances et à la sélection des « meilleurs ». À cette fin, les philosophes-rois doivent organiser des fêtes et des mariages de masses pour préparer la procréation :

> Il faut [...] que les hommes les meilleurs s'unissent aux femmes les meilleures le plus souvent possible, et le plus rarement possible pour les plus médiocres s'unissant aux femmes les plus médiocres ; il faut aussi nourrir la progéniture des premiers, et non celle des autres, si on veut que le troupeau soit de qualité tout à fait supérieure ; et il faut enfin que tout cela se produise hors de la connaissance de tous, sauf des dirigeants eux-mêmes, si justement la troupe des gardiens doit être le plus possible exempte de dissension interne.[53]

Ces mesures eugéniques peuvent nous paraître encore plus choquantes que l'interdiction de toute propriété, d'une habitation privée ou d'une vie familiale pour les gardiens et les philosophes. Mais ce que visait Platon par ces mesures pour le moins radicales, c'était l'union du pouvoir et de la sagesse. Il voulait garantir par tous les moyens que les gardiens et les philosophes restent droits et justes toute leur vie, pour ne se consacrer qu'au bien commun. En n'ayant ni famille, ni maison, ni autres biens, pensait-il, ils allaient mettre toute leur force au service du peuple et de la réalisation de l'Idée du Bien.

Dans *Les Lois*, un de ses dialogues de vieillesse, Platon revient sur quelques-unes de ses idées les plus radicales de la *République*. Dans ce dialogue, il ne s'agit plus tant de dessiner le modèle d'un État idéal, mais bien plus de présenter des propositions d'amélioration pragmatiques d'États existants. Pour cela, il n'insiste plus tant sur le rôle des philosophes-rois que sur la nécessité de bonnes lois et de bonnes institutions.

À quoi nous sert aujourd'hui la découverte platonicienne ?

L'État idéal – vision ou cauchemar ?

Le modèle platonicien de l'État idéal nous paraît, de notre point de vue moderne, peu attrayant. En effet, qui d'entre nous souhaiterait vivre dans un État hiérarchisé, limitant toute tentative d'épanouissement individuel ? Dans l'État idéal de Platon, les gardiens et philosophes doivent supporter d'être séparés de leur progéniture, renoncer à toute vie privée et sont soumis à des examens de sélection presque tout au long de leur vie. La classe inférieure des paysans et des artisans connaît certes moins de restrictions, mais elle est pour cela entièrement exclue de la vie politique.

Ce sont surtout les mesures eugéniques visant à optimiser la classe des gardiens qui, après les expériences du racisme et du national-socialisme, provoquent notre profonde méfiance, et qui transforment l'utopie platonicienne en un cauchemar.

À quoi nous sert aujourd'hui la découverte de Platon ?

C'est bien pour cela que la conception platonicienne d'une aristocratie de l'esprit a été sévèrement critiquée de plusieurs côtés. Le philosophe Karl Popper, par exemple, a pu parler de Platon comme d'un penseur du totalitarisme avant l'heure. Dans son ouvrage *La société ouverte et ses ennemis*, il reproche à Platon d'avoir fondé une tradition totalitaire avec sa théorie des Idées et sa vision d'un État idéal. La théorie politique de Platon légitimerait le pouvoir absolu des philosophes-rois par leur accès privilégié à l'Idée du Bien. Leur formation et leur talent les rendraient seuls capables de reconnaître l'Idée du Bien, et donc la vérité, et ils auraient ainsi le droit et le devoir naturels de gouverner les autres citoyens pour les mener vers leur bonheur. Or, pour Popper, cette prétention à être uniques détenteurs de la vérité et à ne pas nécessiter de légitimation démocratique relève d'une dangereuse idéologie.

Le philosophe Bertrand Russel a essayé de montrer, dans la lignée de Popper, qu'aussi bien le pouvoir clérical au Moyen Âge que les élites politiques des partis national-socialistes et communistes à notre époque se placent dans la tradition totalitaire de Platon en ce qui concerne la légitimation de leur pouvoir.

Comme les philosophes chez Platon, les dignitaires du clergé catholique tiraient leur autorité de leur proximité de Dieu, à qui ils consacraient leur vie, ainsi que de leur profonde connaissance des textes sacrés et de la langue latine. Tout comme les philosophes et les gardiens dans la *République*, ces dignitaires détenaient le monopole du savoir et vivaient dans des communautés isolées, sans famille. Et tout comme la classe platonicienne des gardiens, le clerc accédait au pouvoir sans aucune légitimation démocratique. De la même manière, les hauts fonctionnaires des partis de masse du XXème siècle, qui fondaient leur pouvoir sur des supposées vérités marxistes, racistes ou national-socialistes, se placeraient dans l'héritage immédiat de la pensée platonicienne. Car tout comme les philosophes-rois, ils justifieraient leur pouvoir par la noblesse de leur esprit et leur accès direct à la vérité.

Or, selon Popper, une société ouverte se caractérise par le fait que chacun de ses membres puisse y apporter sa propre vérité. Et en même temps, chacun, qu'il soit haut politicien ou simple citoyen, doit, le cas échéant, avouer s'être trompé et devoir corriger sa vérité. Même les vérités scientifiques, selon Popper, ne sont jamais absolues. Dès qu'une théorie est falsifiée, c'est-à-dire qu'on la confronte à un contre-exemple ou à une erreur, elle doit être changée ou remplacée par une théorie plus exacte. Car toute théorie est nécessairement susceptible d'erreur. C'est cette faillibilité de toute connaissance qu'il s'agit de reconnaître. Platon, avec sa conception de l'infaillibilité des philosophes-rois, aurait posé les bases d'un État totalitaire dans lequel toute critique serait impossible.

Il est intéressant de noter que Popper, en plaidant pour la falsifiabilité de toute connaissance, se réclame du jeune Socrate, tel qu'il a été dessiné par Platon dans l'*Apologie*. C'est ce Socrate des dialogues de jeunesse de Platon qui, affirme Popper, correspondrait à la figure historique, réelle, de Socrate. Tout comme Popper, celui-ci aurait été falsificationniste. Dans un constant souci de critique de soi, il aurait toujours cherché à connaître ses limites et admis qu'il ne peut exister de vérité intemporelle et absolue.

Suivant cette philosophie du Socrate originaire, toute politique devrait être menée selon le principe de la tentative et de l'erreur, et non pas en aspirant, comme les philosophes-rois, à la connaissance absolue. C'est dans l'*Apologie* que Platon aurait reflété fidèlement la figure de Socrate, mais il l'aurait par la suite trahi et remplacé par sa propre doctrine des Idées et de l'ascension vers le Bien.

Mais les chercheurs mettent aujourd'hui en doute

l'idée qu'il y aurait une telle rupture radicale entre le jeune Socrate et le Socrate de la doctrine des Idées. Certes, dans les dialogues de jeunesse, Socrate ne parle pas encore de l'ascension de l'âme vers l'Idée du Bien et vers le divin, mais il y affirme bien qu'il existe une vérité absolue. En effet, ce n'est qu'ainsi qu'il a pu critiquer les opinions des sophistes comme égarements de la pensée. De plus, Popper se trompe en affirmant que le point de départ de Socrate aurait été le non-savoir absolu. Au contraire, la base du raisonnement socratique était la méthode dialectique des questions et réponses visant à accéder à l'essence des choses et, par là, à la vérité même.

Le reproche de complicité avec le totalitarisme est lui aussi infondé pour plusieurs raisons. Tout d'abord, la conception platonicienne d'un État idéal a toujours visé à garantir la justice parmi les citoyens. L'égalitarisme violent et la manipulation par des organisations de masses n'ont pas leur place dans l'État platonicien. Les paysans et artisans y jouissent d'une réelle liberté dans leur vie privée et familiale ainsi que dans leurs activités économiques.

Même les épreuves et les contraintes auxquels sont soumis les gardiens et les philosophes n'ont pour seul but de garantir que la gestion de l'État soit confiée à des dirigeants idéaux, et non à des tyrans. Leur éducation morale et leur renoncement à toute propriété doit les mener à mettre le bien commun au-dessus de leurs intérêts personnels.

Troisièmement, de par leur longue éducation philosophique, les philosophes-rois de Platon sont profondément attachés à l'Idée du Bien et de Justice, ce qui exclut qu'ils puissent viser l'établissement d'un régime de terreur ou commettre des pratiques génocidaires. Certes, l'Idée du Bien dans les dialogues platoniciens ne paraît pas suffisamment concrète pour pouvoir la soumettre à une analyse rationnelle, mais, telle qu'elle transparaît dans les allégories, elle est sans aucun doute incompatible avec toute finalité nationaliste, raciste, chauviniste ou autre idéologie. Et en effet, Platon n'a eu de cesse de critiquer la tyrannie et l'oligarchie comme régimes de l'arbitraire.

Dans toute entreprise de critique du modèle de l'État idéal de Platon, il faut toujours garder en tête que la *République* a été écrite il y a deux-mille-cinq-cents ans et qu'il serait donc fort étonnant si le modèle platonicien de l'État correspondait à notre conception de la démocratie. Ne faudrait-il pas bien plutôt souligner l'effort historique de Platon d'avoir, en premier, établi un modèle théorique de l'État et, par là, un outil abstrait permettant une réflexion critique sur les formes de gouvernements existants ?

Platon est ainsi le premier à ne pas considérer le pouvoir comme quelque chose d'incontestable et allant de soi, comme cela se faisait durant des millénaires, mais plutôt comme quelque chose de créé par l'homme, nécessitant une légitimation.

Et en effet, Platon légitime le pouvoir des philosophes-rois par leur longue formation physique et morale et par les épreuves qu'ils ont passées. Certes, les idées de liberté politique et individuelle sont absentes de la pensée de Platon. Mais avec son modèle d'un État idéal, il a introduit une fois pour toutes l'idée d'un devoir de légitimation du pouvoir.

Platon était tout à fait conscient de la portée d'un tel modèle théorique, tout en sachant que l'État qu'il imaginait n'allait probablement jamais exister :

Mais [...] il en existe peut-être un modèle dans le ciel pour celui qui souhaite le contempler et, suivant cette contemplation, se donner à lui-même des fondations.[54]

À quoi nous sert aujourd'hui la découverte de Platon ?

Que ce soit dans l'Utopia de Thomas Moore, dans les théories du contrat social de Hobbes ou de Rousseau ou encore dans la théorie de la position originelle de John Rawls, nombreux ont été les philosophes qui, dans la succession de Platon, ont cherché à savoir ce que devait être un État juste et idéal, tout en critiquant par là les gouvernements existants. Les réponses à ces questions ont beau avoir changé au cours des deux-mille-cinq-cents ans passés, le pouvoir du peuple a beau avoir remplacé le pouvoir des philosophes, Platon reste bel et bien le père fondateur du devoir de légitimation du pouvoir.

Platon –
ancêtre intellectuel de l'Occident

Platon n'a pas uniquement donné naissance à la théorie politique. Il est également considéré comme un précurseur du christianisme et en cela, sa pensée a marqué toute l'histoire de l'Occident. Platon est jusqu'aujourd'hui le philosophe le plus cité au monde, ce qui a fait dire au philosophe et mathématicien britannique Alfred North Whitehead que la totalité de la philosophie occidentale pouvait être considérée comme une série de notes de bas de page à l'œuvre de Platon. [55]

En effet, durant des siècles, la religion chrétienne s'est inspirée de son œuvre, reprenant de nombreux éléments à la fois de la pensée de Socrate et de la doctrine des Idées. De nombreux points communs apparaissent lorsque l'on compare par exemple les trajectoires de Socrate et de Jésus. Tous deux croyaient à l'immortalité de l'âme, tous deux furent condamnés à mort par des institutions politiques, et tous deux ont accepté de mourir pour leur conviction au lieu de fuir. Par leur attitude droite et conséquente, ils ont voulu montrer que l'ouverture au divin est plus importante que la vie d'ici-bas.

La croyance socratique à l'immortalité de l'âme et au Bien, qui serait au fondement de toute vie terrestre et qui seul lui donnerait un sens, est devenu par la suite un pilier du christianisme. Pour Socrate comme pour Jésus, toute chose matérielle, aussi belle et agréable qu'elle soit, n'a de valeur que passagère. Il s'agit dans cette vie d'ouvrir notre âme au divin et à l'éternel. Tout comme dans le christianisme, la vie terrestre n'est pour Platon qu'une sorte d'étape, durant laquelle nous devons faire nos preuves, en consacrant notre âme au Bien et en nous libérant des passions matérielles telles que la jalousie, la haine, le mépris, la vanité et le désir de possession. Socrate et Jésus furent tous deux de fervents ennemis du matérialisme, comme l'illustre la courte prière de Socrate à la fin du Phèdre :

> Ô mon cher Pan, et vous autres, toutes autant que vous êtes, divinités de ces lieux, accordez-moi d'acquérir la beauté intérieure ; que, pour l'extérieur, tout soit en accord avec ce qui se trouve à l'intérieur.[56]

Platon aussi, bien qu'étant fils d'une famille de patriciens athéniens, menait une vie modeste. Dans l'Académie, lieu d'enseignement qu'il avait fondé, il enseignait gratuitement à ses élèves. Sa vie et sa philosophie représentent jusqu'aujourd'hui un appel à une vie modérée.

Cependant, bien que sa philosophie ait anticipé la pensée chrétienne sur de nombreux points, comme nous l'avons vu, il demeure de nombreuses différences entre la philosophie platonicienne et la doctrine chrétienne. Jésus est considéré comme fils de Dieu par le christianisme et comme son incarnation sur terre. Il était ainsi capable d'accomplir des miracles. Socrate, lui, n'était que philosophe. Bien qu'il ait consacré son âme au divin et aux Idées éternelles, il est un être humain, à la recherche du savoir et non de la foi.

Une autre différence élémentaire avec le christianisme consiste en ce que pour Platon, il n'existe pas de mal radical. Certes, l'homme peut, selon le degré de sagesse qu'il atteint, réaliser ou non l'ascension de l'âme dans la vertu. Mais pour Platon, l'homme ne se trouve pas dans un constant tiraillement entre le Bien et le Mal, entre Dieu et le diable, comme le représentera plus tard le christianisme. Il n'y a pas d'ange déchu, pas de Lucifer, de Méphisto, de Satan ou d'autre pôle du mal chez Platon. Tout est éclairé par la lumière du Bien, même si nous ne la reconnaissons pas toujours. À la place du péché, on trouve donc chez Platon une fermeture de l'âme, un manque d'instruction, qui peut être rattrapé dans une seconde vie, après la réincarnation. Les disciples de Platon, les platoniciens, distinguaient donc clairement la doctrine des Idées de la croyance chrétienne.

Platon était entièrement idéaliste. Ses rares tentatives de s'engager dans la vie concrète et de changer la réalité ont échoué, comme lors de son invitation par le tyran de Syracuse Dionysos à être son conseiller pour réaliser la cité idéale, une opportunité que lui avait procurée son ami Dyon. Mais après peu de temps déjà, des différends virent le jour et Platon tomba en disgrâce aux yeux du tyran, qui, à en croire les sources de l'époque, le vendit comme esclave. C'est son ami qui, par chance, le racheta et le ramena à Athènes. Si donc nous demandons ce qui peut nous servir de l'œuvre de Platon aujourd'hui, nous répondrions que ce ne sont ni ses actes politiques, ni son modèle de l'État idéal, mais plutôt son effort constant de cultiver l'âme et de l'anoblir.

Nous sommes tous prisonniers – l'ascension de l'âme vers le Bien, le Vrai et le Beau

Celui qui ouvre son âme à l'Idée du Bien, du Vrai et du Beau accèdera à l'harmonie parfaite et à la félicité intérieure. Mais cela est loin d'être facile. Platon ne cesse de souligner que pour atteindre l'harmonie de l'âme, il faut fournir un effort constant de travail sur soi. Nous devons être, notre vie durant, disposés à apprendre, c'est-à-dire à cultiver notre intellect pour vivre une vie conforme à la vérité. Il s'agit d'apprendre à voir avec l'œil intérieur. Ce n'est qu'à condition de nous ouvrir à la lumière du soleil et à la connaissance du Bien, comme dans l'allégorie de la caverne, que nous réussira l'ascension vers la vérité. Mais, qu'est-ce que cela signifie concrètement ?

Platon nous conseillerait sans doute de nous éloigner de temps à autre du mouvement du monde moderne et de nous poser quelques questions élémentaires. Menons-nous notre vie de manière véridique ou sommes-nous peut-être parfois de mauvaise foi ? Si oui, pourquoi ? Nos relations sont-elles sincères ou, au contraire, troublées par l'égoïsme, l'indifférence et la méfiance ? Sommes-nous submergés par les obligations du quotidien et les incessants appels du monde capitaliste à la consommation ou sommes-nous encore capables de porter notre regard sur l'essentiel ? Sommes-nous déjà devenus des fantômes d'internet et de la télévision, enfermés dans un monde de projections semi-réelles, au lieu de vivre la vraie vie ? Ou, pour reprendre l'image provocante de Platon : Sommes-nous encore libres ou menons-nous l'existence d'un canard, nous perdant dans des jouissances éphémères ?

Toutes ces interrogations mènent, finalement, à la question toute simple de savoir si notre vie est bonne. Très probablement, personne ne répondra à cette question par un « Oui » inconditionnel. Ce faisant, il ne faut pas avoir peur de la vérité, même si, comme ne cesse de le souligner Platon, celle-ci peut être désagréable. Tel le prisonnier dans l'allégorie de la caverne, qui ne se libère qu'avec peine de ses liens pour monter vers la sortie et être illuminé par la lumière de plus en plus forte, il est douloureux de s'avouer que l'on a vécu dans l'illusion et que l'on doit désormais faire ses adieux à un monde qui nous était familier. Car tout changement de fond fait peur, qu'il s'agisse d'un changement professionnel, de la séparation d'un être aimé ou de l'adoption d'un nouveau style de vie, loin de tout confort matérialiste.

Platon nous incite à ouvrir notre âme à la vérité et à nous concentrer sur l'essentiel. Car une chose est certaine : d'une certaine manière, nous sommes tous prisonniers, éblouis par un monde d'apparences. Lorsque l'on vit dans un monde faux ou dans une relation basée sur le mensonge, beaucoup de choses que l'on estimait belles par le passé nous paraissent alors laides. Il est tentant d'ignorer les incohérences ou d'essayer de les justifier, nous ne pouvons tromper l'intuition ou, comme le dit Platon, l'âme. Ce n'est qu'après avoir rétabli l'équilibre intérieur que les choses nous reparaîtront belles et claires, et ce n'est qu'en vivant de manière véridique que l'on pourra vivre une vie accomplie :

> La vertu serait donc apparemment une forme de santé, la beauté et le bon état de l'âme, alors que le vice en serait la maladie, la laideur et la faiblesse.[57]

La vie durant, l'âme est désireuse d'harmonie. Or, nous ne pouvons y parvenir qu'en aspirant au Bien, au Vrai et au Beau. Si nous gardons cela à l'esprit, l'allégorie de la caverne n'a rien perdu de sa force originelle.

Pour réaliser l'idée exposée dans les allégories de la caverne et du soleil, il nous faut nous mettre en route et chercher la sortie – vers le Bien et la Lumière. Mais, à ce stade, une dernière question décisive s'impose : Qu'est donc le Bien ?

À quoi nous sert aujourd'hui la découverte de Platon ?

La connaissance, hors du confort et de l'oubli

Pour Platon, il ne s'agit pas uniquement de libérer l'homme de son état d'ignorance et d'emprisonnement dans un monde d'apparences. Dans sa recherche du bonheur et de l'harmonie de l'âme, l'homme doit aller au-delà de la sincérité envers soi-même et les autres – c'est vers le savoir universel qu'il doit tendre. Il s'agit de disposer l'âme à participer de l'Idée suprême, l'Idée du Bien. Car contempler l'Idée du Bien dans toute sa beauté, ce n'est rien d'autre pour Platon que de sentir l'énergie divine, qui donne un sens à toute chose en ce monde. C'est en ce sens que dans Les Lois, Platon en appelle à ce que le divin serve de mesure à nos aspirations et à nos actes :

Pour nous, c'est dieu qui doit être la mesure de toutes choses [...]58

Il s'oppose ici à la fois aux sophistes, qui avaient élevé l'homme comme mesure de toute chose, et à l'idée moderne de la priorité de l'épanouissement individuel. Pour Platon, l'Idée du Bien est la réelle force originaire qui illumine toute chose et qui seule est capable de nous fournir un savoir certain du Juste, du Vrai et du Beau.

La philosophie platonicienne contient sans aucun doute des éléments spirituels, notamment lorsqu'il évoque des motifs tirés de la mythologie ou de la religion, tels que la métempsychose. Peut-être est-ce une des raisons pour lesquelles son message de l'immortalité de l'âme et de la recherche du bien est resté vivant tout au long de l'histoire, de l'Antiquité au christianisme médiéval jusqu'aux nouvelles spiritualités postmodernes. Le cœur de sa doctrine garde quelque chose de mystérieux. Car l'Idée suprême du Bien ou ce que Platon nomme le divin, n'est décrit qu'à l'aide d'images et n'est réellement explicité dans aucun dialogue. Il est impossible, selon Platon, de le décrire, car les mots et le langage viennent à manquer lorsque l'on tente de faire du divin et du Bien des objets de science :

Là-dessus, en tout cas, de moi en tout cas, il n'y a aucun ouvrage écrit, et il n'y en aura jamais, car il s'agit là d'un savoir

À quoi nous sert aujourd'hui la découverte de Platon ?

> qui ne peut absolument pas être formulé de la même façon que les autres savoirs, mais qui, à la suite d'une longue familiarité avec l'activité en quoi il consiste, et lorsqu'on y a consacré sa vie, soudain, à la façon de la lumière qui jaillit d'une étincelle qui bondit, se produit dans l'âme et s'accroît désormais tout seul.[59]

Platon justifie donc son silence au sujet du Bien en disant qu'en essayant de le saisir pour l'enseigner, il nous échappe tout simplement :

> Mais si je croyais qu'il fallait que la chose fût mise par écrit d'une façon qui convienne au grand nombre, et qu'elle pouvait être mise en formules, quelle œuvre plus belle que celle-là eussions-nous pu réaliser au cours de notre vie : confier à l'écrit ce qui représente une grande utilité

> pour l'humanité et amener la nature à la lumière, pour que tous puissent la voir ? Mais l'entreprise dont je parle [...] n'est pas, à mon avis, une bonne chose pour l'humanité.[60]

Platon n'ayant donc jamais défini le Bien, il ne nous reste rien d'autre que notre intuition et nos propres expériences spirituelles. Car, comme il écrit, la connaissance du Bien ne résulte finalement que d'une « lumière qui [...] se produit dans l'âme » et qui, une fois enflammée, ne cesse de s'alimenter elle-même. Le lecteur intéressé par la religion ou les spiritualités comprendra intuitivement ce que veut dire Platon lorsqu'il nous encourage à emprunter la voie de la lumière et à faire de la vérité la nourriture de notre âme.

Mais le lecteur plus rationaliste pourra lui aussi tirer profit de la pensée platonicienne. Tout homme peut comprendre les liens qui lient le Bien, le Vrai et le Beau. Car ce qui est bon et vrai a toujours une beauté intérieure, ce qui est méchant, vil et bas paraît laid et repoussant. Il ne faut pas croire à l'immortalité de l'âme pour sentir que l'appel de Platon à réaliser le Bien, le Vrai et le Beau a donné naissance à quelque chose de fulminant dans l'histoire des idées qui ne cesse de nous appeler à quitter notre confort. Platon a beau ne pas avoir livré de critères vérifiables à la connaissance des Idées du Bien, du Vrai et du Beau, rendant ainsi impossible de les soumettre à une analyse rationnelle, ces concepts dégagent en eux-mêmes une immense force. Après bien des siècles encore, Platon nous incite à avoir part à la réalisation du Bien, ce Bien

[…] que toute âme poursuit et qui constitue la fin de tout ce qu'elle entreprend […]. 61

Index des citations

Toutes les citations des œuvres de Platon, à l'exception de la citation 35, sont tirées de l'ouvrage suivant : Platon – Œuvres complètes, sous la direction de Luc Brisson ; Éditions Flammarion, Paris, 2008.

1. République, 473d, trad. par Georges Leroux, p.1640 dans l'édition Flammarion des œuvres complètes.
2. Apologie de Socrate, 21d, trad. par Luc Brisson, p.71 dans l'édition Flammarion des œuvres complètes.
3. République, 533c-d, p.1699.
4. République, 508d, pp.1675-1676.
5. République, 505a, p.1671.
6. Gorgias, 470e, trad. par Monique Canto-Sperber, p.443 dans l'édition Flammarion des œuvres complètes.
7. République, 515d, p.1680.
8. Phèdre, 246b, trad. par Luc Brisson, p.1262 dans l'édition Flammarion des œuvres complètes.
9. Phédon, 64d, trad. par Monique Dixsaut, p.1180 dans l'édition Flammarion des œuvres complètes.
10. Phédon, 64e, p.1180.
11. Phèdre, 256a-b, p.1271.
12. Banquet, 178c-d, trad. par Luc Brisson, page 111 dans l'édition Flammarion des œuvres complètes.
13. Banquet, 178d-e, pp.111-112.
14. Banquet, 208e, p.143.
15. Banquet, 208e-209a, p.143.
16. Banquet, 210e-2011a, p.145.
17. Banquet 211b-c, p.145.
18. République, 505b, p.1671.
19. Gorgias, 494b, p.470.
20. Gorgias, 205d, p.139.
21. République, 510e, p.1678.
22. Banquet, 211b, p.145.

23   Phédon, 100d, p.1221.
24   Phédon, 75b-c, p.1193.
25   Ménon, 85e-86a, trad. par Monique Canto-Sperber, p.1072 dans l'édition Flammarion des œuvres complètes.
26   Ménon, 81c-d, p.1065.
27   Phédon, 81b-c, p.1200.
28   Phédon, 81d-e, p.1201.
29   Phédon, 82a, p.1201.
30   Phédon, 63c, p.1178-1179.
31   Phédon, 64a, p.1179.
32   Phédon, 82e, p.1202.
33   Cf. Gorgias, 493a, p.468.
34   Phèdre, 245c-246a, p.1261.
35   République, 508d-e, trad. par Léon Robin, p.1097 dans l'édition de Léon Robin avec la collaboration de Joseph Moreau, Bibliothèque de la Pléiade N°58, 1940.
36   République, 508d, pp.1675-76 de l'Édition Flammarion des œuvres complètes.
37   République, 509b, p.1676.
38   République, 508e, p.1676.
39   République, 514a-b, p.1679.
40   République, 515b, p.1680.
41   République, 516b-c, p.1681.
42   République, 517a, p.1681.
43   République, 473d-e, p.1640.
44   République, 476b-480a, p.1643, p.1648.
45   République, 565c, p.1733.
46   République, 565e, p.1734.
47   République, 564a, p.1731.
48   République, 517b-c, p.1682.
49   République, 456a, p.1619.
50   République, 433e-434a, p.1597.
51   République, 416d-e, p.1580.
52   République, 457d, p.1621.
53   République, 459d-e, p.1624.
54   République, 592b, p.1763.

55 Cf. Alfred North Whitehead, Procès et réalité. Essai de cosmologie, traduit par Daniel Charles, Maurice Élie, Michel Fuchs, Jean-Luc Gautero, Dominique Janicaud, Robert Sasso et Arnaud Villani, paru aux éditions Gallimard, Paris 1995, p.39.
56 Phèdre, 279b-c, p.1297.
57 République, 444d-e, p.1610.
58 Lois, 716c, trad. par Luc Brisson et Jean-François Pradeau, p.776 dans l'édition Flammarion des œuvres complètes.
59 Lettre VII, 341c-d, trad. par Luc Brisson, p.655 dans l'édition Flammarion des œuvres complètes.
60 Lettre VII, 341d-e, p.655.
61 République, 505e, p.1672.

Déjà paru dans la même série:

Walther Ziegler
Camus en 60 minutes
1ère èdition janvier 2019
84 pages, Poche, € 9,99
ISBN 9782-3-2210-973-9

Walther Ziegler
Freud en 60 minutes
1ère èdition janvier 2019
88 pages, Poche, € 9,99
ISBN 9782-3-2210-969-2

Walther Ziegler
Hegel en 60 minutes
1ère èdition janvier 2019
124 pages, Poche, € 9,99
ISBN 9782-3-2210-965-4

Walther Ziegler
Kant en 60 minutes
1ère èdition janvier 2019
148 pages, Poche, € 9,99
ISBN 9782-3-2210-962-3

Walther Ziegler
Marx en 60 minutes
1ère èdition janvier 2019
104 pages, Poche, € 9,99
ISBN 9782-3-2210-967-8

Walther Ziegler
Nietzsche en 60 minutes
1ère èdition janvier 2019
152 pages, Poche, € 9,99
ISBN 9782-3-2209-114-0

Walther Ziegler
Platon en 60 minutes
1ère èdition janvier 2019
104 pages, Poche, € 9,99
ISBN 9782-3-2210-956-2

Walther Ziegler
Rousseau en 60 minutes
1ère èdition janvier 2019
104 pages, Poche, € 9,99
ISBN 9782-3-2210-960-9

Walther Ziegler
Sartre en 60 minutes
1ère èdition janvier 2019
116 pages, Poche, € 9,99
ISBN 9782-3-2210-971-5

Walther Ziegler
Smith en 60 minutes
1ère èdition janvier 2019
100 pages, Poche, € 9,99
ISBN 9782-3-2210-958-6

À paraître dans la même série:

Walther Ziegler
Adorno en 60 minutes

Walther Ziegler
Arendt en 60 minutes

Walther Ziegler
Habermas en 60 minutes

Walther Ziegler
Foucault en 60 minutes

Walther Ziegler
Heidegger en 60 minutes

Walther Ziegler
Hobbes en 60 minutes

Walther Ziegler
Popper en 60 minutes

Walther Ziegler
Rawls en 60 minutes

Walther Ziegler
Schopenhauer en 60 minutes

Walther Ziegler
Wittgenstein en 60 minutes

Auteur:

Walther Ziegler est professeur d'université et docteur en philosophie. En tant que correspondant à l'étranger, reporter et directeur de l'information de la chaîne de télévision allemande ProSieben, il a produit des films sur tous les continents. Ses reportages ont été récompensés par plusieurs prix. En 2007, il prit la direction de la « Medienakademie » à Munich, une Université des Sciences Appliquées et y forme depuis des cinéastes et des journalistes. Il est l'auteur de nombreux ouvrages philosophiques, qui ont été publiés en plusieurs langues dans le monde entier. Dans sa qualité de journaliste de longue date, il parvient à résumer la pensée complexe des grands philosophes de manière passionnante et accessible à tous.